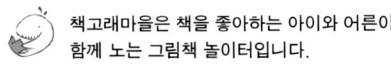 책고래마을은 책을 좋아하는 아이와 어른이
함께 노는 그림책 놀이터입니다.

글 우현옥
그림책을 좋아하는 동화작가입니다. 중앙대학교 대학원에서 아동문학 박사과정을 수료했으며, 2007년 문화일보에
〈바다로 간 자전거〉가 당선되었습니다. 계원예대, 한서대학교, 중앙대학교에서 그림책 쓰는 법을 가르쳤습니다.
《감꽃이 별처럼 쏟아지던 날》, 《진실은 힘이 세다》, 《세상에서 가장 맛있는 밥》, 《별 헤는 아이, 윤동주》, 《토끼 꼬리
는 누가 가져갔을까?》 등의 작품이 있습니다.

그림 강혜영
성신여자대학교에서 조소를 전공했습니다. 어릴 적 그리고, 쓰던 그림일기의 순수함을 닮은 그림책에 매료되어 그림
책 작가가 되었습니다. 그림은 그리는 것이 아니라 종이 위에 마음을 올려놓는 것이라고 생각합니다. 아름다운 감성
을 잃지 않으려 노력하고 있습니다. 그린 책으로는 《어린 왕자》, 《수를 세어 보아요》가 있습니다.

책고래마을 02
행복한 대통령 호세 무히카

2017년 9월 30일 초판 2쇄 발행
2015년 9월 10일 초판 1쇄 발행
글 우현옥 **그림** 강혜영 **편집** 장정원 신은정 **디자인** 한아름
펴낸이 우현옥 **펴낸곳** 책고래 **등록 번호** 제 2015-000156 호
주소 서울특별시 서초구 강남대로12길 23-4, 301호(양재동, 동방빌딩)
대표전화 02-6083-9232(관리부) 02-6083-9234(편집부)
홈페이지 www.dreamingkite.com /www.storywic.com
전자우편 dk@dreamingkite.com
ISBN 979-11-955906-1-2 77810

ⓒ 우현옥, 강혜영 2015년

이 도서의 국립중앙도서관 출판예정도서목록(CIP)은
서지정보유통지원시스템 홈페이지(http://seoji.nl.go.kr)와
국가자료공동목록시스템(http://www.nl.go.kr/kolisnet)에서
이용하실 수 있습니다. (CIP제어번호: CIP2015023215)

* 이 책의 출판권은 책고래에 있습니다.
* 책값은 뒤표지에 있습니다.

행복한 대통령
호세 무히카

글 우현옥 그림 강혜영

책고래

"마누, 마누엘라! 가자."
무히카는 마당을 나서며 휘파람을 불었어요.
마누엘라가 힘겹게 몸을 일으켰어요.
"그래, 그렇지. 힘들다고 게으름 피우면 안 돼."
무히카는 마누엘라가 세 발로 일어설 때까지 잠자코 기다렸지요.
"모처럼 해를 봐서 너도 기분이 좋은가 보구나."
무히카는 마누엘라를 위해 쉬었다 가기를 반복했어요.

산책에서 돌아오자마자 무히카는 곧장 농장으로 갔어요.
비가 내려 며칠 동안 농장을 돌보지 못했거든요.
"이런, 국화 밭이 아니라 풀밭이 되어 버렸네."
무히카는 콧노래를 흥얼거리며 잡초를 뽑았어요.
"룰룰루, 상쾌한 일요일 아침이라네. 룰룰루!"
국화가 장단을 맞추듯 한들거렸지요.

한참 풀을 뽑고 있을 때였어요.
마을 사람들이 웅성웅성 몰려가는 거예요.
"마리아, 안토니오! 무슨 일이야?"
"아, 페페! 이번 폭우로 아레나의 집 지붕이 무너졌대요."
"저런, 다치진 않았나?"
무히카는 서둘러 헛간으로 가 공구를 챙겨 나왔어요.

"내가 젊었을 땐 일등 목수에, 일등 페인트공이었어."
아레나가 무히카 앞을 막았어요.
"페페! 어떻게 대통령이 지붕 위에 올라가시겠다는 거예요?"
"허허, 걱정하지 말래도! 튼튼하게 지붕을 수리해 주겠네."
마을 사람들은 무히카의 고집을 꺾을 수 없었어요.
무히카의 마음을 알고 있었으니까요.

무히카가 바로 우루과이의 제40대 대통령이에요.
무히카는 1935년, 우루과이의 수도
몬테비데오에서 태어났어요.
당시 우루과이는 몹시 혼란스러웠지요.
세계 대공황 영향으로 나라 살림도 어려운데
군사 쿠데타까지 일어났거든요.

무히카의 집도 대공항을 피해 가지 못했어요.
아버지의 콘크리트 사업이 어려워지면서
농장까지 잃고 말았어요.
"이제 곧 식구도 늘어나는데……."
어머니가 불룩한 배를 만지며 걱정했지요.
그런데 사정은 더욱 나빠졌어요.
여동생이 태어나고 얼마 지나지 않아
아버지가 세상을 떠나고 말았거든요.

어머니는 슬퍼할 겨를도 없이 일을 시작했어요.
"무히카, 여기에 칼라를 심자꾸나."
집 앞 작은 땅에 꽃을 심고, 채소를 재배했어요.
무히카는 꼬마 농부가 되어 부지런히 어머니를 도운
덕분에 학교에 다닐 수 있었어요.

무히카는 정치에 관심이 많았어요.
정당 활동을 하는 친척들 영향도 있었지만,
직접 꽃을 키우고 내다 팔면서
법과 경제에 대해 깊이 생각했기 때문이지요.

무히카는 정부에 항의하는 단체를 이끌었어요.
마침 북부 지역의 사탕수수 농장에서 큰 싸움이 벌어졌어요.
무히카는 사탕수수 노동자들을 돕다가 감옥에 갇히고 말았어요.

감옥에서 나온 뒤 무히카는 사람을 모아
더욱 거세게 저항했어요.
경찰은 무히카를 잡기 위해 눈에 불을 켜고 다녔어요.
"탕! 탕! 탕!"
해 질 무렵 어느 술집에 총소리가 울렸어요.
경찰과 싸우던 중 무히카는
총에 맞고 쓰러졌어요.

"아들아, 정신이 드니?"
어머니의 거친 손에 눈물이 흥건했어요.
창밖에는 뜨거운 햇볕이 내리쬐고 있었어요.

무히카는 감옥에서 14년을 보냈어요.
두 번이나 탈옥했지만 다시 잡혔지요.
무히카가 감옥에 있는 동안 또 다시 군사 쿠데타가 일어나고
독재 정권이 들어섰어요.

무히카는 감옥에서 나와 가장 먼저
어머니의 텃밭으로 달려갔어요.
옆에는 아내 루시아가 함께 있었지요.
"힘들어도 사람들과 함께 가요."
흙냄새와 국화 향기를 맡자 왈칵 눈물이 쏟아졌어요.

무히카는 루시아와 함께 조직을 만들었어요.
합법적인 방법으로 한 걸음씩 나아갔지요.
조용한 혁명은 무히카 자신으로부터 시작되었어요.
무히카는 거리에서 연설을 했어요.
"가난한 사람을 진정으로 돕는 건 동정이 아니라
공평하게 기회를 주는 것입니다!"
거리는 사람들로 넘쳐 났어요.
무히카의 뜻을 지지하는 사람은 점점 늘어났어요.

무히카는 늘 사람들과 함께 있었어요.

1995년 무히카는 '민중참여운동'의 대표로 하원의원이 되었어요.

상원의원과 국회의원을 거쳐 2010년,

마침내 우루과이의 제40대 대통령이 되었지요.

"대통령이 되어도 국민과 가장 가까운 곳에 있겠습니다."

약속대로 무히카는 대통령궁으로 들어가지 않았어요.

아내와 함께 마련한 집에서 예전과 똑같이 생활하며 업무를 보았어요.

수아레스 대통령궁은 노숙자들에게 내주었지요.

대통령 별장을 팔고, 월급의 90퍼센트를 기부했어요.

무히카는 특별한 행사가 없는 날에는
언제나 헐렁한 바지에 슬리퍼를 신고
오래된 자동차를 타고 다녔어요.
"내가 가난하다고요? 그렇지 않아요.
단순하게 살 뿐이에요. 사람이 살아가는 데는
생각보다 많은 것이 필요하지 않거든요."
세계 각국의 대통령이 모인 자리에서도
무히카는 당당하게 말했어요.
"만약 세계 인구 모두가 미국이나 다른 선진국들처럼 소비한다면
지구라는 행성이 세 개는 필요할 것입니다.
우리는 이제 개발과 발전이 목적인 삶이 아니라
행복이 목적인 삶을 살아야 합니다."

"여보, 어서 와요."
루시아가 보자기를 펄럭이며 무히카를 불렀어요.
"10년만 젊어 보이게 잘라 줘요."
무히카는 이발 의자에 얌전히 앉았지요.
살강살강 이발 가위 사이로 머리카락이 떨어졌어요.
무히카는 대통령의 자리에 있었지만
꼬마 농부의 검소한 마음을 간직하고 있었어요.

이발을 마치고 무히카는 국화 밭으로 갔어요.
국화를 한 아름 꺾어 시장으로 갔지요.
"꽃값이 좀 올랐을까?"
시장 상인들이 반갑게 인사를 건넸어요.
"페페 할아버지! 국화가 참 예뻐요."
"오늘은 값을 조금 더 드릴게요."
돈을 받아 들고 무히카는 싱글싱글 웃었어요.

무히카는 시장을 한 바퀴 둘러보며
이것저것 물건을 샀어요.
"다음엔 저희 집에도 들러 주세요."
상인들의 기분 좋은 목소리를 뒤로 하고 돌아오는 길이었지요.
"패스! 이리로 차. 빨리 차란 말이야!"
운동장에서 아이들이 축구를 하고 있었어요.
무히카는 장바구니를 든 채 응원을 시작했어요.
"그렇지! 그렇게 차는 거야!"
축구를 마친 아이들이 우르르 무히카한테로 달려왔어요.
"페페 할아버지! 할아버지!"
호세 무히카는 세상에서 가장 가난하지만 행복한 대통령으로
5년의 임기를 마치고 2015년 2월 퇴임했답니다.